JN016401

質問と回答

疑問に思ったことや気になったことを、どんどん聞いてみよう。
どんな内容の答えがかえってきたかな？

●はたらいている人への質問

●答えてくれたこと

まとめ・感想

取材でわかった仕事のくふうや、それについて思ったこと、感じたことなどを書いてみよう。

仕事のくふう、見つけたよ

青山由紀 監修

パン屋さん・レストラン

金の星社

はじめに

　みなさんが大人になったとき、どんな世の中になっているでしょう。今よりもさらに AI（人工知能）が活躍しているだろうと予想されています。けれども、いくら AI が進化したとしても、人間にしかできないことがあります。それは、「なぜだろう」と疑問をもち問題を発見する力、見つけた問題を解決する道すじを組み立てる力、物事を比較したり、その関係やつながりを考えたりする力、今までにないことを新たに創造する力、考えたことを自分らしく人に伝える力、相手のことを思いながらコミュニケーションをする力などです。次の時代を生きるみなさんに求められるこれらの力を、効果的に身につけるのに有効なのが、調べ学習です。

　「仕事のくふう、見つけたよ」シリーズは、仕事のくふうについて調べる活動を通して、先ほど述べたような力が身につく構成になっています。調べたい仕事について、事前に準備しておくこと、調べるときのポイント、まとめ方まで、みなさん自身が、調べ学習をしているかのように書かれています。これらは、「仕事のくふう」にかぎらず、何かを調べてまとめる活動をするときのヒントとなるはずです。

　質問を考えたりまとめたりするときのマッピングやベン図、チャート、マトリックスといった図表は、大人になってからも使える、物事を考えるときに力を発揮する手段となります。報告文という目的や形式の決まった文章の書き方も、これから先もずっと使えるものです。

　また、同じ仕事について調べる人にとっては、本書を読んで下調べをすることで調査やインタビューをするときの質問や疑問を考えたりする助けとなることでしょう。同じ仕事でも、たずねる相手によって、くふうはちがうものです。ぜひ、たずねた方から引き出してください。

　このシリーズが、みなさんの調べ学習と自分らしい報告文を書く助けとなることを願っています。

青山由紀（あおやま ゆき）

筑波大学附属小学校教諭。小学校で学級を受け持ちながら、複数の学年の国語の授業をおこなっている。また、筑波大学など複数の大学で、小学校の教員を目指す大学生も指導している。小学校『国語』『書写』教科書（光村図書）の編集委員をつとめる。著書に『「かかわり言葉」でつなぐ学級づくり』（東洋館出版社）、監修に『小学館の子ども図鑑プレ NEO　楽しく遊ぶ学ぶ　こくごの図鑑』（小学館）、『季節の言葉』シリーズ（金の星社）などがある。

もくじ

何を知りたいか はっきりさせよう

仕事のくふうを知りたいなら、
そこではたらいている人に聞くのがいちばん。
質問の内容を考えたり、取材の約束を取りつけたり
など、どうすればいいのでしょうか。

事前にしっかり
予習して、
「取材の達人」に
なろうね！

みんなで話し合って 図にしてみよう

パン屋さんの仕事のくふうを調べようと思ったとき、いったい何からはじめればいいのかこまってしまいますよね。どんなことを聞いたらよいのか、考えてみましょう。

まずは、パン屋さんと聞いて思い浮かぶことばを、何人かでどんどん出して、紙に書いてならべてみます。そうしたら、それらのことばどうしのつながりを考えて、下のような図（マッピング）にしてみましょう。

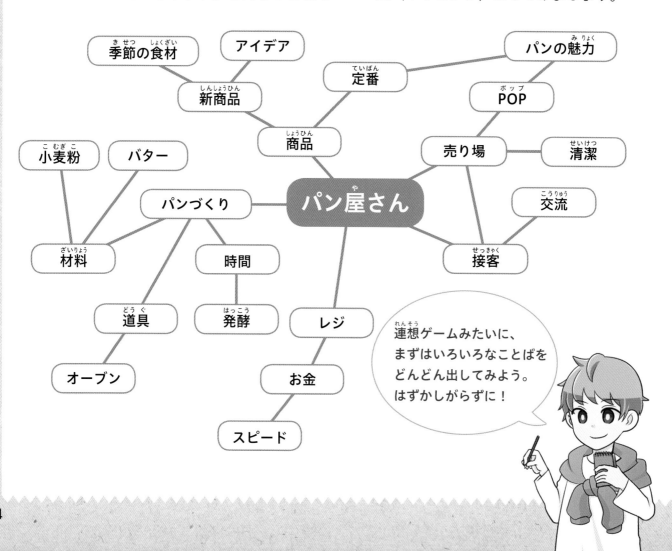

連想ゲームみたいに、
まずはいろいろなことばを
どんどん出してみよう。
はずかしがらずに！

具体的な質問を考えよう！

次に、そのことばについての疑問が出てくると思います。その疑問を解決するための答えをもらえるような質問を考えてみます。

質問は、

- いつ
- どこで
- だれが
- いくつ（どのくらい）
- どのように（どのような）
- なぜ、何のために

をおさえるようにして、具体的な内容にしましょう。

また、図書館でパン屋さんの仕事を紹介している本を読んだり、インターネットでお店のホームページを見たりして、事前に調べておきましょう。より質問を考えやすくなりますよ。

考えた質問は、メモに書いて、聞きたい順番や、内容が近いと思う順番にならべておきましょう。

ポイント

疑問を質問に！

パン屋さんでは、パンをおいしそうに見えるようにするために、ならべ方にどんなくふうをしていますか？

商品が、売れのこらないようにしているくふうはありますか？

新商品はどうやって考え、決めているのですか？

開店するときに売り場にたくさんのパンをならべるために、どのようなくふうをしていますか？

質問はできるだけ具体的に。
「はい」「いいえ」で終わらないような質問内容にするのがポイントだよ！

商品紹介

こだわり

▲▶ホームページなどで、連絡先を事前にチェックしよう。お店によっては、売っているパンの特徴やつくり方などを紹介しているところもある。

店舗紹介

インタビューの しかた

インタビュー、緊張しちゃうよね。でも、しっかり準備すればだいじょうぶ！

質問を考えて、下調べもばっちり。さあ、いよいよ取材です。でも、その前にやることもたくさんあります。どんな準備をするとよいか、見ていきましょう。

事前に取材の約束をしよう！

取材のためにいきなりお店に行っても、いそがしくて時間が取れなかったり、お休みだったりするかもしれません。場合によっては、迷惑をかけてしまうことにもなります。

ですから、取材をお願いするときは、事前に電話やメールで問い合わせましょう。ていねいなことばづかいで、はっきりと取材の目的を伝えることがたいせつです。

許可をもらって取材が決まったら、取材先のお店や施設の場所と取材日時を、先生や家族の人に事前に伝えておくようにしましょう。

▲学校や家の近所にある場合は、いそがしくなさそうなときに直接お店の人にたずねてみてもいいよ。

ポイント！ 電話やメールで伝えること

自分の名前、学校名、学年、連絡先

質問の内容（「仕事でおこなっているくふうを聞かせてください」など）

取材したい日時

取材に行く人数

電話をするときは、そばにおとなの人にいてもらおう！

グループで役割を決めよう！

　1人や2人でも取材はできますが、できれば3〜4人でグループを組みましょう。質問する人、メモを取る人、録音や撮影をする人というように役割を分担します。役割に集中することで、話が聞きやすくなります。

　メモ役や録音役の人も、疑問に思ったことがあったら質問してもよいですが、話の途中にわりこまないようにしましょう。

インタビューの練習をしよう

　実際に取材に行く前に、先生や友だちを取材先の人に見立てて、練習をしてみましょう。練習をしっかりやっておくと、本番で緊張したり、あわてたりせずにすみます。

　基本的には、事前に考えておいた質問の順番に話を聞いていきます。話の流れの中で、別なことへの疑問が浮かんだら、今している質問の答えを聞き終わってから、あらためて質問をしましょう。

メモを取る人

えんぴつ
ノート

話を聞く人

レコーダー
カメラ

録音・撮影する人

ポイント
！ インタビューの手順の例

1 あいさつ
こんにちは、私たちは○○小学校の3年生です。

2 インタビューの目的を説明
今日は、パン屋さんの仕事のくふうについてお話をうかがいに来ました。

3 質問メモにそって質問

4 取材中に浮かんだ追加の質問

5 お礼のあいさつ
取材を受けていただき、ありがとうございました！

ポイント
！ インタビューで注意すること

取材する人の目を見て話を聞こう

相手の話をさえぎらず、最後までしっかり聞こう

答えに対してわからないことがあったら、その場で確認しよう

ていねいなことばで話そう

終わったら、しっかりとお礼を言おう

仕事のやりがいやたいへんなことなど、本だけではわからない質問も聞けたらいいね。

パン屋さんを調べよう

お店でパンを焼いて売っているパン屋さん。地域の食事をささえる身近なお店ですが、店内をじっくり見たことがありますか？

情報① パン屋さんで売っているものは？

朝早くから、町によいにおいをただよわせているお店があります。店内に厨房をもち、パンを焼いているパン屋さんです。どんなパンが売られているか、まずは売り場を見てみましょう。

いろんな枚数にカットされているのは、型に生地を入れて焼いた食パン。生地をまるめて焼くロールパンも人気です。バゲットやプレッツェルといった世界各地のパンもならんでいます。野菜やハム、卵などをはさんだサンドイッチは、いたまないように冷蔵庫に置かれています。調理した料理をつめたそうざいパンは見るからにおいしそう。蒸しパンはしっとり、揚げパンはあつあつ。生地にバターなどをねりこんで焼き、フルーツやクリームなどをトッピングしたデニッシュはまるでお菓子のようです。

クッキーなどのお菓子を仕入れて売っているお店や、パンといっしょに飲みたくなる牛乳やジュースなどを売っているお店もあります。

ぶつかったはずみに、お客さんがパンを落としてしまったらたいへん。取材のときは、じゃまにならないようにしよう。

イートイン

パン屋さんの中には、店内でできたてのパンを食べられるスペースをもうけているところもあるよ。
→ 19 ページ

季節のコーナー

おいしそうな旬の食材を使ったパンのコーナーだね。こういうメニューは、どうやって決めているのかな？
→ 14 ～ 15 ページ

情報② パン屋さんの店内は？

　下の図は、町の住宅街にあるパン屋さんです。お店に入ると「いらっしゃいませ！」と店員さんが笑顔でむかえてくれます。

　お客さんは入り口のそばでトレーとトングをもち、ほしいパンをえらんでレジにもっていきます。店員さんが厨房から出てきて、焼きたてのパンをならべはじめました。

▲売り場のすぐとなりの厨房で、職人さんがパンをつくっているようすがわかる。

厨房
朝からたくさんのパンを大いそがしでつくっているね。どれくらいつくっているのかな？
→ 10 ～ 11、17 ページ

レジ
たくさんのお客さんを、待たせないようにするくふうがあるのかな？
→ 18 ページ

パン売り場
たくさんのパン！　ならべ方には、どんなくふうがあるんだろう？
→ 16 ～ 17 ページ

パンづくりのくふう①

パンづくりはとても時間がかかりますが、朝の開店時にお店に行くと、
ずらりとパンがならんでいます。どんなくふうをして、商品をそろえているのでしょう。

くふう1 時間のかかるパンづくり

パンは、材料をまぜてから焼き上がるまでにとても時間のかかる食べ物です。種類にもよりますが、だいたい次のようにしてつくります。

①粉やバターなどの材料を合わせてこね、生地をつくる

②生地をまるめたり、のばしたりしてパンの形をつくる

③発酵させて生地をふくらませる

④オーブンなどで焼く

時間がかかるからといって、前日につくったパンをならべていたら、お客さんはよろこびません。開店と同時に焼きたてのパンをお店にならべるために、パン屋さんは早朝から仕事をはじめているのです。

▲小麦粉やバターなどをあわせた生地を手でねりこんで、パンをさまざまな形にととのえる。

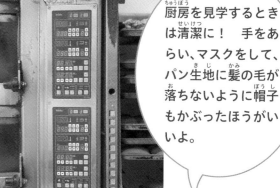

厨房を見学するときは清潔に！ 手をあらい、マスクをして、パン生地に髪の毛が落ちないように帽子もかぶったほうがいいよ。

◀▲オーブンは、パンを焼く時間や温度などを自由に設定できる。

くふう2 開店時にパンをたくさんならべるために

　このパン屋さんは9時に開店ですが、店員さんは朝6時には出勤し、パンをつくりはじめます。生地をねったり、発酵させたりする機械を使い、大いそがしでパンをつくります。

　中には、できるまでにとても時間のかかるパンもあります。たとえばフランスパンは、生地づくりから焼き上がりまでに5〜6時間もかかります（製法にもよります）。そんなパンは前日に下ごしらえをしておきます。閉店前に、形をととのえたパン生地を発酵機に入れておけば、朝お店に着いたときには生地がふくらんでいて、焼けばいい状態になっています。

　もし当日の朝にフランスパンの仕こみをはじめたら、お店にならぶのはお昼になってしまうでしょう。パン屋さんは仕事のしかたをくふうして、開店時に商品をそろえているのです。

▲パンの材料をまぜたり、生地をのばしたりする機械。機械がなかったらすべて手でやることになる。たくさんのパンをつくるには欠かせない道具だ。

生地を形づくるようすは速くて正確！すごいね。

職人さんのパンづくりをじっくり見て、そのようすを書きとめよう。見ることも取材だよ。

▲プレッツェルの生地を形成するようす。こうしたパンづくりは、開店前の早朝からはじめて、閉店後もずっとおこなっているよ。

11

パンづくりのくふう②

パン屋さんは毎日たくさんのパンを焼きます。でも、閉店時にどっさりあまったらたいへん。そうならないように、どんなくふうがあるのでしょう。

くふう3 パンがあまらないためのくふう

パン屋さんでは、今日焼いたパンが翌日にもお店にならんだままということは、あまりありません。パンが売れのこらないために、くふうをしているからです。

一つは、前の日に、明日焼くパンの数を種類ごとにだいたい決めておくこと。平日より休日にお客さんが多いなど、これまでの経験から売れる数の予測がつくので、予定を立てることができます。

もう一つのくふうは、パンを何度かに分けて焼くことです。すべてを一度につくるわけではなく、早朝には開店時にならべるパンをつくり、その後は昼に売るパンをつくるなど、回数を分けます。その間店員さんは商品の売れ行きをよく見ていて、次につくるパンの数を調整します。このとき、つくりすぎてあまらないように数を決めるのです。

それでも売れのこってしまいそうなときは、買ってもらえるように閉店前にパンの値段を下げるお店もあります。

▲翌日でもおいしい食パンは、サンドイッチに使って提供することもある。

▲フランスパンは、うすく切ってラスクにしたりする。これも、パンをあまらせないくふうだ。

▼このパン屋さんでは、1日に約70種類のパンを、数回に分けて合計1000個ほどつくっている。

「1日1000個もパンを焼いて、あまらないのかな？」など、取材中にふしぎに思ったことは、すぐに聞いてみよう。

4 **くふう** 何度も焼くのは、焼きたてを買ってもらうため

　パン屋さんがパンを何度かに分けて焼くのは、お客さんに焼きたてのパンを食べてもらうチャンスをふやしたいためでもあります。

　パン屋の店員さんは、焼きあがったパンを売り場にならべるとき、「○○パン、焼きたてです！　いかがですか〜」と声をあげます。お客さんにパンが焼けたことを知らせるためです。

　店によっては、お客さんがレジでパンを買っている最中でも、同じパンがちょうど焼き上がったら、焼きたてに取りかえてあげるそうです。

焼きたてがおいしいパン、冷えてもおいしいパン

　パンの中には焼きたてがいちばんおいしいものと、冷えてもおいしいものがあります。焼きたてがおいしいのはクリームパンやあんパン、ピザパン。カレーパンもあげたてがおいしいですね！　一方、デニッシュの仲間は冷えてもおいしいです。食パンも焼きたてでなくてもおいしいパンです。

（パン屋さん店長）

できたてのパンはおいしそうだね！

▲焼きあがったパンは、すぐに売り場にならべて、お客さんができたてのパンを楽しめるようにしているよ。

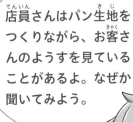

店員さんはパン生地をつくりながら、お客さんのようすを見ていることがあるよ。なぜか聞いてみよう。

13

新商品を考えるくふう

パン屋さんは地域に根づいているお店です。毎日のように買いものに来るお客さんもいます。そんな人をあきさせないように、どんなくふうをしているのでしょう。

くふう5 お客さんをあきさせないくふう

「いつも同じパンを売る」というのは、パン屋さんの大事な役割です。その店を行きつけにしている人には、好きで毎回買うパンがあるからです。でも、よく来るお客さんをあきさせないことも大事なこと。そこで多くのパン屋さんでは、定期的に新しいパンをつくります。

季節の変わり目やイベントのある時期は、新商品を出すよいタイミングです。春にはタケノコやアスパラガス、秋にはキノコやサツマイモなど、季節の食材を使ったそうざいパンなどをつくります。ハロウィンにはカボチャを材料にしたパンをつくり、クリスマスにはパーティーにも出せそうなかざりのきれいなデニッシュなどをつくってお店にならべます。また、人気の定番パンがあれば、それを応用して新たなパンをつくることもあります。

お店で人気のパンを教えてもらったり、人気の理由を聞いたりしてみよう。店員さんの好きなパンを紹介してもらうのもいいね。

▼定番のカレーパン。このお店では3〜4人に一人は必ず買うので、閉店直前までつくることもあるという。

▲人気の塩味のロールパンにあんこをはさんで、バリエーションをふやした新商品。

くふう6 新商品のアイデアは みんなで出し合う

新しいパンをつくるとき、このお店では、パンを焼く職人から販売担当のアルバイトの人まで、全員で話し合うそうです。パンは、味だけでなく、思わず食べたくなるおいしそうな見た目も大事。そうしたことを頭において、アイデアを出し合います。

パン屋の店員さんは、ふだんからよそのパン屋さんの商品も気にかけています。気になったパンは買って食べてみて、どんなところが魅力なのかを考えます。パン以外にも、世の中でどんな食材がはやっているかも気にかけています。そうした情報が、新商品づくりのアイデアに生かせるかもしれないからです。

新しいパンは、試食をして、おいしかったらお店に出します。たくさんのお客さんが買ってくれたときは、とてもうれしいそうです。人気のあったパンは定番のパンにしたり、季節限定のパンとして翌年もつくったりします。

▲店員みんなで話し合って考えた「レンコンとマイタケの塩パン」。レンコンの歯ごたえとマイタケのかおりが食欲をそそる、秋のパンだ。

売り場でめずらしいパンを見つけたら、どんなアイデアから生まれたのかを聞いてみよう。

新商品が誕生したおもしろいエピソードも聞けたら、きっと楽しいね！

◀季節の食材をふんだんに使ったパンのコーナー。見た目にもおいしそうに思ってもらえるようにくふうをしているよ。

パンのならべ方や店づくりのくふう

パン屋さんの売り場には、たくさんのくふうがあります。お客さんの目を引くためだけでなく、パンを大事にしたり、清潔さをたもつためのくふうもあります。

くふう 7 焼きたてのパンは つぶれないように

まず、売れているパンや売りたいパンは、売り場の中でもよく目立つ場所に置かれています。お店の雰囲気にもよりますが、藤をあんだかごや、木のボードにパンをのせているお店もあります。そのほうがパンがおいしそうに見えるという、お店の人の考えです。

焼きたてパンのならべ方にもひとくふうがあります。まだやわらかくてつぶれやすい状態なので、パンどうしがぶつからないように間をあけてならべます。

調理した肉やサラダなどをはさんだそうざい

パンは、一つひとつ、油を通さない紙につつんでお店にならべます。その紙をもって食べれば、手がよごれにくいというアイデアです。パンの食べやすさにも、くふうをしているのです。

焼きたてパンのならべ方は、ほかとちがうくふうがあるのかな？ 店員さんに聞いてみよう。

▲藤のかごにのせて、プラスチックや金属の容器では出せないあたたかみを演出。

▲パンを、油を通さない紙につつむと、油が外にしみ出しにくく、おいしさをたもつことができる。

くふう8 店をはなやかに、清潔に！

お店にならべたパンには、店員さん手づくりの「POP」とよばれる宣伝文句がそえられていることがあります。「当店人気ナンバーワン」「この春限定新商品！」など、おすすめ商品であると知らせることで、お客さんに買ってもらおうとするくふうです。また、こうしたくふうは、店全体をはなやかにする効果もあります。

パン屋さんは食べものをあつかう店なので、お店やはたらく人が清潔であることにも気をくばっています。店員さんはよごれのない服を着て、髪やつめもととのえます。外から帰ったりトイレに入ったりしたあとは、手の消毒を欠かしません。お客さんがレジにもってきたトレーとトングは、そのつどふいてもどします。

また、食べものがならぶ店内では、開店時間中はそうじをしません。ほこりがまい上がると不衛生だからです。閉店後、売り場も厨房もしっかりそうじをして、ごみは店内にのこさず外に出して帰ります。

▲おいしいのになかなか売れないパンなどは、試食できるようにして、お客さんに味を知ってもらえるようにしている。

POPはパン屋さんからお客さんへのメッセージ。その内容をノートに書きとめて、だれがどんな思いで書いたのかも聞いてみよう。

▶パンの味や、店員さんおすすめの食べ方を紹介するPOPをつくることもある。そのパンを食べたことのない人にも魅力を伝えられる。

お仕事インタビュー

売り場から厨房がまる見えです！

当店は、売り場と厨房の間に壁がありません。厨房からは売れ行きが見えるので、あのパンをもう一回焼こうなどと決められます。逆に、お客さまからはパンづくりのようすがまる見え。どんな人がどんなふうにパンをつくっているかわかるので、安心されるようです。

ときには、「あのパンをまたつくって」などと、職人に声をかける方もいます。お客さんの感想を直接聞けるので、はげみになります。

▲売り場と厨房が近いと、売り場のようすやお客さんの反応をすぐにチェックできる。

（パン屋さん店長）

お客さんと接するときのくふう

毎日たくさんの人が買いものに来るパン屋さん。いそがしい時間帯には店内が
ごったがえすこともあります。店員さんは、何に気をつけてお客さんと接しているのでしょう。

くふう 9 つねに笑顔で。お客さんを待たせない

パン屋さんがお客さんと接するときに気をつけているのは、元気にあいさつし、笑顔でいること。店員さんの笑顔はお店の印象をよくするので、とても大事です。そして話をするときは、お客さんの目をしっかり見て話すそうです。

お客さんを長く待たせないことにも気をくばっています。パン屋さんは昼に来店するお客さんがもっとも多く、いそがしくなります。会計待ちのお客さんがならんでしまったときは、レジを打つ人とパンを袋につめる人が分かれ、会計のスピードを速めます。

いそがしくないときを見はからって、レジの人や品出しをしている人に話を聞こう。それぞれのくふうがきっとあるよ。

▲笑顔を欠かさないレジの店員さん。地域に根づくパン屋さんは、近くに住んでいる人との交流もたいせつだ。

▲特にお昼どきはお客さんが多いので、レジを打つ人と袋につめる人に分かれて、すばやく作業する。

くふう 10 焼きたてパンは袋を別に

　レジでパンを袋につめる店員さんもくふうをしています。売り場にならんだばかりの焼きたてのパンは、そのほかのものと袋をわけるのです。あたたかいパンは、目に見えなくてもまだ湯気を出しています。パンはむれると食感がそこなわれるので、あたたかいパンだけは別にして、湿気を吸う紙の袋に入れたり、袋をあけたままにしたりして、お客さんにわたすのです。そして「焼きたてなのでこのようにしておきます」と伝えます。

　ところで、レジの店員さんはパンに直接さわっていないのに、なぜあたたかいとわかるのでしょう。そのパンをお店にならべるとき、品出しをした店員さんは「○○パン、焼きたてです」と店中に聞こえる声で言います。じつはこれ、お客さんにすすめているだけではなく、店員さんどうしの合図でもあるのです。レジの店員さんは「○○パンは焼きたて」とおぼえ、レジで袋をかえます。また、お客さんがパンをのせてきたトレーの底をさわって、あたたかかったら焼きたてと判断することもあるそうです。

▲ 「○○パン、焼きたてです！」レジの店員さんとお客さんの両方に聞こえるように、はっきりとした声で知らせる。

自分がお客さんになってパンを買ってみて、そのときの印象を書いてみよう。体験することがいちばんの取材だよ。

お仕事インタビュー

イートインはお客さんの感想を知るスペース

　当店は、売り場の2階がイートインスペースになっていて、1階で買ったパンを食べることができます。焼きたてパンをその場で味わえるので人気なんですよ。

　私たちにとってはお客さんの感想を聞ける機会になりますし、おいしいと感じていただけたらその後の売り上げにもつながります。イートインをつくってよかったと思っています！

▲▶ 2階のイートインスペースにはテラス席があり、できたてのおいしいパンを気もちよく楽しめる。

（パン屋さん店長）

取材結果をふりかえろう

お店の人への取材で、いろいろな話を聞くことができました。次は、その結果をあらためてグループで話し合って、思ったことやわかったことをまとめましょう。

取材したことを
わすれて
しまわないように、
なるべく早めに
しようね！

取材の結果を話し合おう

みんなでそれぞれ、思ったことを話し合いましょう。まずは、話がバラバラにならないように、取材したときの流れを書き出して、見学した場所や話を聞いた順番を整理していきます。取材した順番でテーマごとに話し合うと、そのときに感じたことを思い出しやすいです。

ほかの人が思ったことや気づいたこともメモに書いておきましょう。新しい発見や疑問が見つかるかもしれません。

ポイント

！ こんなことを話してみよう

どんなことを聞いたか

お店の人の回答

自分が思ったこと、感じたこと

特にすごいと思ったくふう

取材前に
考えていたことと、
実際に取材して
わかったことの
ちがいを話し合っても
おもしろいね。

取材メモをカードにまとめる

　取材で聞いた話や取材後の話し合いでほかの人から出た意見をメモに取りましたね。報告文にまとめるために、そのメモを整理していきましょう。小さなカードに書き出していくと、見くらべたり、テーマごとに分類しやすいので、わかりやすくなります。あとから文章にするときにならべかえて使えるので、とても便利です。

　たとえば、パン屋さんの取材では、仕事の種類ごとにカードをつくってみてもいいでしょう。

ポイント

！ カード化のコツ

メモを見て、思い出しながら書きこむ

短い文章でかじょう書きにしてまとめる

共通する話やくふうを赤ペンやマーカーなどでチェックする

報告文に書くことを考えながらカードをつくる

パン売り場

・焼きたてのパンの情報をお客さんに知らせる。

・会計はパンがさめないようにすばやく、でもまちがえないように。

・季節感やおいしさを感じてもらえるならべ方。

カードにしてまとめることで大事なポイントが見えてくるね！

厨房でのパンづくり

・前日の閉店前から次の日の準備をする。

・朝早くからつくりはじめる。

・売れ行きやお客さんの反応もチェックして新メニューを考える。

イートイン

・焼きたてのパンをその場で楽しめる。

・パンに合うコーヒーにもこだわっている。

・ないお店もある。

まとめる

文章にまとめて報告しよう

> ほかの人にわかりやすく伝えるためには、ここが大事な作業なんだ。

次は、報告文を書く準備に移りましょう。つくったメモやカードをもとにして、取材結果を整理し、伝えたいことや文章の組み立てについて考えていきます。

表にして整理しよう

報告文でたいせつなのは、そのお店のことや、仕事のことをよく知らない人にもわかりやすく伝わるように、順序立てて文章を組み立てることです。

いきなり文章にするのはむずかしいので、報告文を書く前に、カードをもとにして、「疑問に思ったこと」「実際に聞いたこと」「そのときに感じたことや考えたこと」のように分類して、表をつくってみましょう。あとで文章にまとめるときに役立ちます。

疑問に思ったこと	聞いたこと	考えたこと
パンを1日のうち何度かに分けて焼くのはなぜ？	売れ行きを見ながら調整している。また、焼きたてを食べてもらうため。	焼きたてのパンがならんでいると、おいしそうなので買いたくなる。
どうして夕方になるとパンの値引きがされることがあるの？	売れのこりそうなパンの値段を下げて、その日のうちに売り切ってあまらないようにする。	値引きされているとお得なので、買おうという人がふえると思う。
どうしてタダで試食をしているのだろう？	味を知ってもらうことでその商品のよさを知ってもらい、品質のよさをアピールする。	試食で食べてみておいしかったら、買ってみようと思う。

> 疑問、答え、感想が見やすくまとまってきたね！

文章の組み立て方

いよいよ、報告文を書いていきます。

今回は、
・調べた理由
・調べた方法
・調べてわかったこと
・まとめ

の４つの段落に分けて考えてみましょう。

はじめに、なぜその仕事やお店を取材しようと思ったのか、どんな疑問をもったのかを書くと、読む人の興味を引きます。次に、どんな方法で調べたのか、どんな人に話を聞いたのかを書きます。

そして、実際に取材に行ってわかったことや学んだことを説明していきます。ここが報告文の中心となります。読む人にわかりやすく、しっかり書くため、文章はいちばん多くなります。最後は感じたことや自分の意見を書いて、まとめにしましょう。

読みやすさに加えて、読み手に報告文の内容が伝わる表現を考えてみよう。

ポイント！ 文章を書くときの注意点

そのお店や仕事のことをよく知らない人が読むことを考えて、ていねいに説明する

文章の量によって取りあげる内容をえらぶ

「です・ます」または「だ・である」など、文章の最後をそろえる

同じ話をくりかえさないように気をつける

ポイント！ 書き方のヒント

見たことがない人にも伝わるように、具体的に書こう
（例）「パン屋さんは私たちの教室ぐらいの広さで、お昼どきは20人くらいのお客さんでにぎわっていました。」

読み手に疑問を投げかけてみよう
（例）「多くのパン屋さんでは、店をひらくかなり前の朝早くから店員さんがはたらいているそうです。どうしてでしょうか？」

絵や写真をじょうずに使おう
　文章だけでは伝わりにくいと思った点は、写真や図、表などを入れるとわかりやすくなる。たとえば、パン屋さんでは店内の写真や見取り図などを入れると読み手に伝わる報告文になる。

色や形などのようすを正確に伝えたいときは写真を使うととても効果的だよ。

パン屋さんを取材したまとめ

いよいよ、発表のときが近づいてきましたね。報告文の確認と仕上げに取りかかります。実際の報告文の例を見てみましょう。

ここがうでの見せどころ。くふうや魅力をまとめよう。

報告文のコツ

報告文でいちばんたいせつな点は、わかりやすさです。これまでに書いたカード、表、撮影した写真などをならべて、見たこと、聞いたこと、思ったことを順序立てて、書いていきましょう。

読み手の気もちになって書くんだね。

パン屋さんの仕事のくふう

名前　○○○○

1、調べた理由

わたしの家族はみんなパンが大すきで、朝食はいつも同じパン屋さんで買ったパンを食べています。おいしいパンをつくるパン屋さんがどんなくふうをしているのかが気になって、調べてみました。

2、調べたほうほう

家の近くにある△△ベーカリーに行って、店長の○○さんにお話をうかがいました。

3、調べてわかったこと

（1）パンづくりのくふう

ちゅうぼうでは、4〜5人の店員さんがパンをこねたりオーブンに入れたりして、いそがしそうにパンをつくっていました。たくさんのパンをつくるために、前の日から下ごしらえをしてじゅんびをします。しっかり売れ行きの計画

まとめた文を見直そう

まとめた文を読み直し、まちがいなどがないか、確認します。声に出して読むと、まちがいを見つけやすくなります。また、発表の前にグループでおたがいの報告文を読んで、感想を出し合うのもいいでしょう。自分だけでは気づけなかったまちがいや、もっとよくするためのポイントを仲間が見つけてくれることもあります。

ポイント

！ **タイトルは大きく**

タイトルは大きく、見出しはそろえることで、見た目にメリハリが出ます。

ポイント

！ **できるだけ具体的に**

「いろいろ」ということばは使わずに、取材に行ったからこそわかったことをくわしく書きましょう。

を立てて、パンをつくります。それでもあまってしまいそうなときは、ねだんを下げたり、ラスクやサンドイッチなどにしたりしてお店に出すこともあるそうです。

ポイント

！ **写真や図も使おう**

写真や図、表などを入れることで読み手に伝わりやすくなります。

(2) 新メニューの決まり方
　店員さんみんなで意見を出し合って、新しいメニューを考えます。きせつの食ざいを生かしたり、人気のあるパンに少し手を加えたりすることが多いそうです。

ポイント

！ **まとめはわかりやすく**

どんなくふうがあったのか、感想などをわかりやすく書きましょう。

4、まとめ

　しゅざいを通して、パン屋さんでは、お客さんにおいしいパンを出すために、たくさんのくふうをしていることがわかりました。近所の人が多いので、ちいきの交流も大事にしているそうです。これからパン屋さんのパンを食べるときも、しゅざいで教えてもらったことをわすれないようにしようと思いました。

次は
レストランを
取材してみよう！

25

レストランを調べよう

今回取材するのは、ファミリーレストランです。同じ名前のお店なら、全国どこでもつくりが似ていて、店員さんの仕事のしかたもほぼ同じ。店内のようすを見てみましょう。

情報① フロアとキッチンの仕事

ファミリーレストランの仕事は、大きく2つに分かれます。一つは「フロア」とよばれる、店内でお客さんと接する仕事です。

フロアの店員さんは、来店した人を席に案内し、料理の注文を取り、できたての料理をはこびます。食べ終えた器を下げてテーブルをふいたり、レジで会計をしたりするのもフロアの店員さんです。お客さんに、いごこちよくすごしてもらうためのサービスをする仕事といえます。

もう一つは、「キッチン」とよばれる、厨房で調理をする仕事です。キッチンの店員さんは、メニュー通りのできたての料理をお客さんに出せるように、つねに正しい手順で調理をおこなっています。

体調が悪い人は取材を見送ろう。お客さんに病気をうつしたらたいへんだし、店員さんは病気になるとお店に出られなくなるんだ。

フロア

注文を取ったり、料理をはこんだり、すごくいそがしそう。注文をまちがえたりしないのかな？
➡ 28 ～ 29 ページ

情報 ② レストランの店内を見てみよう

ファミリーレストランの店内を見てみましょう。フロアには大小さまざまな席があり、たくさんのお客さんが食事をしています。そこで働いているのがフロア担当の店員さん。トイレが清潔かチェックをしている店員さんもいます。奥のキッチンでは、担当の店員さんが料理をつくっています。器を洗っている人もいます。

▲レストランのつくりは店によってさまざま。家族で楽しめる広い店もあれば、一人や少人数で来やすい店もある。

ドリンクバー
おおぜいの人が利用するドリンクバーを清潔にたもつには、どうしているのかな？ → 35 ページ

テーブル
たくさんのおいしそうなメニューから注文をえらぶのもまよっちゃうね。ここにもくふうがある？ → 32 〜 33 ページ

料理をあつかうお店は、特に清潔第一。きれいな服装で取材しよう。

キッチン
おいしい料理をすばやく提供するのに、どんなくふうをしているのかな？ → 30 〜 31 ページ

フロアの仕事のくふう

お客さんとじかに接するのがフロアの仕事。お店を好きになってもらえるかは、
フロアの店員さんのサービスが大事です。仕事には、どんなくふうがあるのでしょうか。

くふう1 フロアの店員は、レストランの顔

　レストランの仕事は、お客さんを入り口でむかえた瞬間からはじまります。まず大事なのは、お店の第一印象。「いらっしゃいませ！」と笑顔で元気にお客さんを歓迎します。

　ファミリーレストランでは、店員さんは「インカム」という無線機を身につけ、店員どうしで話をします。お客さんをむかえた人は、席へ案内しながら、インカムで「4名様18卓にご案内します」などと、ほかの店員さんに伝えます。店内が広い店では、フロアの店員さんたち

は、自分の受けもちエリアをもっています。そして、テーブルには「卓番」という番号がふられています。インカムで「4名様18卓にご案内します」と聞いたそのエリアの担当者は、すぐに水などをもって、「いらっしゃいませ」とお客さんにあいさつに行くのです。そして、お客さんがお店を出るまで、要望に応じてきめこまかいサービスを心がけています。

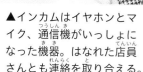

▲インカムはイヤホンとマイク、通信機がいっしょになった機器。はなれた店員さんとも連絡を取り合える。

▲フロアの店員は、お客さんを待たせず、いくつもの料理を一度にはこぶために、安定して料理をもてるように練習するそうだ。

フロアの取材では、料理をはこぶ店員さんとぶつからないように気をつけなきゃ！

くふう2 お客さんをできるだけ待たせない

お客さんがフロアの店員さんをよぶときは、呼び出しベルをおします。すると、「ピンポーン」などという音とともに、店内にある電光掲示板に卓番が表示されます。電光掲示板は店内のどこからでも見えるように、高い位置につけられています。フロアの店員さんはそれを見て、お客さんのもとへ急ぎます。

最近では料理の注文に、タブレットメニューを活用することがふえています。お客さんが入力した注文情報が無線でキッチンへ送られ、すぐに料理をはじめることができます。「ハンディ機」という機械を使って、フロアの店員さんが直接注文を取るお店もあります。

お客さんが席を立つと、フロアの店員さんはできるだけ早くテーブルをかたづけます。新しいお客さんをすぐにむかえられるようにするた

お仕事インタビュー

100卓のテーブルを5人で担当しています

当店は、フロアの卓数が100卓以上あります。完全に満席になると、何百人というお客さんがお店に入ることになります。それを担当するフロアの店員は5名。それぞれ受けもちエリアをもってお客さんと接しています。

当店では、キッチンからフロアへ料理を出す店員が別にいますが、いそがしい時間帯で料理がたくさん出たときなどは、フロアの店員もふくめて数名でおこないます。そのほうが、お客様に早く料理を出せるからです。

（ファミリーレストラン店員）

めです。器は同じ大きさのものを重ねて、効率よくかたづけます。レストランの器は、かたづけや収納のために、重ねやすくなっています。

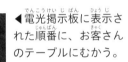
◀電光掲示板に表示された順番に、お客さんのテーブルにむかう。

機械を使うことで、注文内容をわすれたり、まちがえて伝えたりするミスをへらしているんだよ。

◀各テーブルにそなえつけられたタブレットメニュー。お客さんのタイミングでメニューを入力することができるので、待つ時間が少なくてすむ。

▲ハンディ機を使用するレストランも多い。お客さんに注文された料理名のボタンをフロアの店員さんがおすと、その情報がキッチンに送られるしくみ。

キッチンの仕事のくふう

お客さんの注文が入ったら、料理をつくるのがキッチンの仕事です。
おいしい料理を手早くつくるために、どんなくふうをしているのでしょうか。

くふう 3 おいしい料理を早く出すために

ファミリーレストランは、いそがしいときには1時間に100人近い人が来店します。その人たちを待たせないために、キッチンの店員さんは、料理をできるだけ早くつくらなければなりません。そのためのくふうが、下ごしらえのできている食材を使うことです。

たとえばハンバーグをつくるとしましょう。ふつうは、タマネギを切っていため、ひき肉やそのほかの材料とこねて、ハンバーグの形を整えるところからつくりはじめます。しかしファミリーレストランでは、下ごしらえをしたハンバーグを使います。それを焼いて味つけし、サラダなどのつけ合わせをつくって、焼きたてのハンバーグとともに器にもればできあがりです。

すでに調理を終えた料理を電子レンジであたためるだけなら、もっと早くつくれます。けれど、お店で焼いたほうがおいしいものをお客さんに出せるので、このようなくふうをしているのです。

▲最近は、料理の手順をわかりやすく画像や動画で表示したタブレットなども活用している。

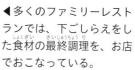

キッチンに入って取材するのがむずかしいときは、聞きたいことをあらかじめまとめておいて、フロアの人に教えてもらおう。

◀多くのファミリーレストランでは、下ごしらえをした食材の最終調理を、お店でおこなっている。

くふう4 食材はセントラルキッチンへ 毎日発注

　下ごしらえは、レストランとは別にあるセントラルキッチンとよばれる大きな調理施設でおこなわれます。そこから毎日、お店に食材が配送されます。各レストランが翌日につかうものを、前日の夜に注文します。そのときは、「明日は日曜だからお店がこむ。この料理はこれくらい出るだろう」と、過去のデータと経験をもとに予測を立てます。

　ただ、ときには予測がはずれることもあります。たとえば、急に寒くなって、スープが売り切れそうになることがあります。そんなときは、近くにある同じ系列のファミリーレストランに食材を分けてもらうこともあります。

　毎日ではなく週に一度大量に注文しておけば、仕事は楽になり、売り切れの心配もなくなるでしょう。でもレストランはそれをしません。在庫をためこむと鮮度が落ち、食べきれずに捨てる「食品ロス」にもなりかねないからです。毎日こまめに食材を調達するのは、つくりたてでおいしいものを、むだなくお客さんに出すくふうなのです。

▲食品ロスを出さないために、日ごろから在庫や売れ行きをチェックして、発注の計画を立てる。

食材をむだにしないくふうは、ほかにもあるのかな？　聞いてみたいな！

▲サラダのように多くの人に注文される料理も、新鮮さがたいせつなので、小まめに食材を発注する必要がある。

お仕事インタビュー

料理を出す目標時間は、注文を受けてから13分以内

　当店では、3〜4人の店員がキッチンで調理を担当しています。昼どきなどフロアが満席になると100人近いお客様が入りますが、ランチタイムはかぎられているので、お客様を待たせるわけにはいきません。そこで、パスタをつくる人、ハンバーグをつくる人、サラダをつくる人というように、できるだけ早くおいしい料理を出せるように役割分担して調理をしています。

　料理を出す目標時間はだいたい決まっていて、ランチどきは、注文を受けてから13分以内です。キッチンとフロアの店員がしっかりと自分の役割とチームワークをたいせつにし、お客様をお待たせしないように努力しています。

（ファミリーレストラン店員）

メニューのくふう

ファミリーレストランの特徴は、同じお店なら全国どこでも同じ料理を楽しめるところ。
そのメニューには、どんなくふうがあるのでしょうか。

くふう 5 お客さんの好みを調査して、1年前から考える

　ファミリーレストランには、ふつう80〜100種類ものメニューがあります。その料理は、おおよそ1年前から考えはじめるそうです。全国に1000店をこえるお店をもつレストランもあるため、早めにメニューを決めないと、大量の食材を調達するのにこまるからです。

　メニューを決めたら、食材をどこから集めるのかも早めに計画します。ただ、食の世界には流行があります。とつぜん人気の出る食材や料理もあるため、ときには急いで新たなメニューを取り入れることもあるそうです。

　メニューを決めるにあたって、ファミリーレストランは、どの年齢の人がどんな料理を好むかを調査しています。お年よりから子どもまではば広い世代が利用するので、だれが来ても食べたいと思える品があるように、調査結果をもとにメニューを決めるのです。

牛フィレ、本まぐろ、ずわい蟹

冬のおいしさ
満彩
にぎやかに祝う
Jonathan's winter fair

ずわい蟹の甲羅盛り

本まぐろの鉄火丼

牛フィレステーキ和風きのこソース

▲季節の食材を使った新メニューは、新たなお客さんをよびこむだけでなく、よく来るお客さんもあきさせない。

おおぜいで来店する人もいるから、みんなで少しずつつまめるパーティー用のメニューを用意しているお店もあるんだって。

6 いろいろな人に合わせたメニュー

くふう

外食と聞くと、「栄養がかたよって体にあまりよくない」というイメージをもつ人もいます。そこで、外食でも栄養バランスのよい食事ができるように、ファミリーレストランのなかには野菜をたくさん使ったメニューを考えているお店もあります。

また、病気などで特定の栄養分を多くとってはいけない人のために、その栄養分をひかえめにしたメニューをつくったり、食物アレルギーの人のためにアレルギーの原因となる食材を使わないメニューを用意したりしているお店も少なくありません。どんなお客さんが来ても、「食べられるメニューがない！」ということにならないように、お客さんの要望にこたえながらメニューを考えているのです。

▲栄養バランスのよい和食メニューを中心としたレストランは、はば広い世代のお客さんに人気がある。

メニューを見て気づいたことを書き出し、店員さんに聞いてみよう。たとえば、メニューのならび順にも理由があるかもしれないよ。

◀「野菜を食べてほしい」という思いから、メニューで野菜料理を大きめに掲載しているお店もある。

お仕事インタビュー

メニューの写真はこだわっています

お客様が料理をえらぶためのメニューの料理写真は、おいしさを伝えるためにくふうをこらしています。いろどりよくもりつけることはもちろん、肉の熱々とした感じやサラダのみずみずしさなどが出せるように、料理専門のカメラマンやスタッフががんばっているんですよ。

ハンバーグの上にかけるソースなどは、つやつやした照りを表現するだけでなく、ソースがハンバーグの上からどのように流れ落ちたらおいしそうに見えるか何度もためして、ベストな一枚をえらんでいます！

▲メニューはインターネット上でも公開されていて、料理をおいしく見せるためのくふうがこらされている。

（ファミリーレストラン店員）

何度も来てもらえる店づくり

レストランは、同じお客さんに何度も来てもらいたいと願っています。そのためには、また来たくなるお店づくりがとても大事。どんなくふうをしているのでしょう。

くふう 7 ゆっくりすごしてもらうための気くばり

ファミリーレストランでは、お客さんに気もちよくすごしてもらうためのくふうをしています。その一つが、お客さんのようすをよく見て、それぞれに応じたサービスを心がけること。

たとえば、二人で静かに食事しているお客さんの場合は、じゃまをしないように器をすぐに下げにいったりはしません。おおぜいで来ているお客さんであれば、器は早めに下げて、ゆったりすごしてもらえるようにします。食事中も食後もゆっくりすごしてもらうため、すわりごこちのよいソファーをそなえているお店も少なくありません。

お店には、常連さんも来ます。フロアの店員さんは、お客さんの顔や、機会があれば名前もおぼえ、親しく話をします。こうした気くばりによって、大きな会社のチェーン店も、地域に根ざしたその町のレストランになるのです。

▲座席の背もたれを高くして、仕切りのようにしているのもくふうの一つ。席についたお客さんは、個室にいるような落ち着いた気分で食事ができる。

お客さんをなごませるくふうは、ほかにどんなところがあるのかな？　店員さんに聞いてみよう。

◀フロアの店員さんは、お客さんと対応するときはいつも笑顔を欠かさない。

8 お店を清潔にたもって ここちよい空間に

お店が清潔であることも大事です。フロアの店員さんは、お客さんが帰ると、あいた器はすぐにかたづけ、テーブルをふきます。そのため、いつもおぼんとふきんをもち歩いています。

フロアとキッチンのそうじは、閉店後の深夜や開店前の朝に毎日おこないます。トイレやドリンクバーは、おおぜいの人が利用するので、よごれていたらすぐにきれいにします。

店員さんは、身だしなみにも気をつけています。ユニフォームは毎日洗濯して清潔をたもち、肩にかかる長髪はむすびます。料理に異物が入らないように、指輪やネックレスははずし、はでなマニキュアをすることもありません。

料理を通してお客さんに病気をうつさないように、店員さんは全員、出勤すると健康であることをチェック表に書きこみます。外出後やトイレに入ったあとは、決められた方法で入念に手を洗います。

▲多くの人がくりかえし利用するドリンクバーは、補充やそうじの必要がないか、こまめにチェックされている。

お仕事インタビュー

下痢の人は休ませます

当店では、ノロウィルスなどの感染症（人にうつる病気）を予防するために、発熱や下痢、嘔吐（食べものをはくこと）の症状がある従業員は出勤できないという決まりがあります。

本人にこのような症状があったら、病院で検査を受け問題がないとわかるまで、出勤できないのです。料理を通してお客様を病気にしないための大事なくふうです。

◀手洗いについてのマニュアルをととのえるのも、お店を清潔にたもつくふう。

（ファミリーレストラン店員）

▲キッチンの店員さんは、髪の毛が料理に落ちないように専用のキャップをかぶっている。

フロアの店員さんは、すべりにくいくつをはいているんだって。すべって料理を落としたりしたらたいへんだもんね。

取材結果をくらべよう

パン屋さんにつづき、レストランの取材も終わりましたね。今度はパン屋さんとレストランをくらべて、似ている点やちがう点をさがしてみましょう。

どちらも食べものをお客さんに提供するお店だったね。

レストランの取材結果について

パン屋さんの取材と同じように、レストランの仕事とくふうをまとめてみましょう。グループで話し合い、取材メモを見ながら、レストランの特徴をかじょう書きにして表にしたり、カードにしたりして書き出していきます。

今回はパン屋さんと同じところ、ちがうところをくらべていくので、そのあたりも意識しておきましょう。「売っているもの」「メニューの豊富さ」「お店の広さ」などは、ちがいをくらべやすいポイントですね。

多くのレストランは、たくさんの種類の料理を出しているよね。

ポイント！ ファミリーレストランの特徴

注文を受けてから料理をすばやくつくる

お店は広く、いそがしいときは100人ものお客さんがいる

店員さんはキッチンとフロアに分かれて、別の仕事をしている

季節ごとに新メニューを出す

ゆっくり長い時間をすごせる

いろいろな地域に、同じ名前のお店がある

フロアの店員さんが気をつけていること

・お客さんを待たせない

・いつも笑顔でいる

・料理や器を落とさない

キッチンの店員さんが気をつけていること

・まちがえずに、すばやくつくる

・食材の残量を小まめにチェック

・つねにきれいに、清潔に！

パン屋さんとレストランを
くらべてみよう

　パン屋さんとレストランは、食べものをあつかっていることは同じでも、ちがう部分が多いようです。パン屋さんでは、多くの人が買ったパンをもち帰っていました。レストランにくるお客さんは、料理を楽しみながら、ゆったりした時間をすごしたいという人もたくさんいます。

　それ以外にも、どんなところがちがうのかを考えて、下のような表にまとめてみましょう。

お客さんが
お店ですごす時間も、
パン屋さんと
レストランでは
ちがうみたいだね。

ポイント　! どんなところにちがいがある？

　パン屋さんとレストランの特徴を、ポイントごとにくらべて表にしてみましょう。それぞれのちがいが、よりわかりやすくなります。

	パン屋さん	ファミリーレストラン
売っているもの	ほとんどがパン	洋食、和食、中華、デザート、飲みものなどさまざまな料理
いそがしい時間	朝早くと昼、夕方が中心	おもに昼と夜の食事どき
食べる場所	もち帰って、家などで食べるお客さんが多い	注文した料理をお店で食べる
つくるタイミング	先につくっておいて、店先にならべる	注文されてからつくる
お店の数	その地域にしかなく、地元の人に親しまれているお店が多い	広い地域に同じ名前のお店があって、同じ料理を食べられることが多い

いろいろな まとめ方

取材結果をくらべたり、考えをまとめるときには、さまざまな図や表、グラフなどが役に立ちます。次のような方法で、考えを広げたり整理したりしてみましょう。

図や表、グラフのことを「チャート」というよ。

表にまとめて、ちがいをわかりやすくする！

37ページ下図のように、パン屋さんとレストランをくらべるために使用した方法を「マトリックス」といいます。たて線と横線で表をつくり、項目ごとにくらべる方法です。

同じところをくらべることもできますが、ならべることでそれぞれのちがいをより強調できる表です。「大きさ」「時間」「回数」「速さ」など、数をくらべてあらわすときにもとてもべんりな図です。下の図では、乗り合いバスとタクシーをくらべてみました。

それぞれのちがうところが、より理解しやすくなるんだね！

ポイント！ マトリックスの例

	乗り合いバス	タクシー
乗車する場所	あるていどの区間ごとにもうけられたバス停	よび出しの連絡をすると、好きな場所から乗ることができる
料金	110円（区間内なら同じ料金）	2km で 740円（距離によって上がる）
乗車できる人数（車の大きさ）	50人くらい（大きい）	1〜4人（乗用車と同じ大きさ）

※数字は一例です。

■ さまざまなまとめ方・くらべ方

ほかにも、いろいろなまとめ方があります。調べた内容によって、使い分けましょう。

★ベン図

2つの円を使って、2つのものの同じところとちがうところをあらわす図を「ベン図」といいます。円が重なる部分は同じ特徴、重なっていない部分はそれぞれにしかない特徴です。似ているところが多いお店や仕事をくらべるときには、とても効果的な方法です。

★ Xチャート・Yチャート

たくさんのことがらを整理したり、分類したりするときに役に立ちます。紙に大きく「X」や「Y」を書き、それぞれどこにあてはまるか考えていく方法です。先にカードやふせんに書き出したものをはっていくやり方もあります。グループで話し合うときにもおすすめです。

ポイント！ ベン図の例

- スーパーマーケット
  - 朝から夜の営業
  - 面積が広い
  - 安売りの商品が多い
- 共通
  - お客さんに商品を売る
  - オリジナル商品などのくふう
- コンビニエンスストア
  - 営業時間が長い
  - 面積がせまい
  - 公共料金などの支払いができる
  - 新商品が多い

どのまとめ方にもいいところがあるよ。目的に応じて使い分けよう。

ポイント！ Xチャートの例

花屋さんの仕事

- お店のくふう
  季節の花を見えやすい場所におくなど、きれいに見えるならべ方を研究
- 仕入れのくふう
  朝早くから市場に行って売れそうな花をえらぶ
- 接客のくふう
  質問に答えられるように勉強する
- 商品のくふう
  花たばやブーケ、フラワーアレンジメントの制作

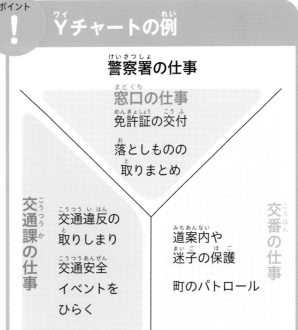

ポイント！ Yチャートの例

警察署の仕事

- 窓口の仕事
  免許証の交付
  落としものの取りまとめ
- 交通課の仕事
  交通違反の取りしまり
  交通安全イベントをひらく
- 交番の仕事
  道案内や迷子の保護
  町のパトロール

さくいん

編集	株式会社 アルバ
取材協力	株式会社 クラウンベーカリー（ベーカリー・カフェ・クラウン 武蔵境店） 株式会社 すかいらーくレストランツ（ジョナサン武蔵野西久保店）
執筆協力	金田 妙、落合 初春
写真撮影	石田 健一、五十嵐 佳代
イラスト	山本 篤、彩 いろは
ブックデザイン	鷹觜 麻衣子
DTP	チャダル 108、スタジオポルト

仕事のくふう、見つけたよ

パン屋さん・レストラン

初版発行 2020 年 3 月　第 4 刷発行 2023 年11月

監修	青山 由紀
発行所	株式会社 金の星社 〒111-0056 東京都台東区小島1-4-3 TEL 03-3861-1861(代表)　FAX 03-3861-1507 振替 00100-0-64678　ホームページ https://www.kinnohoshi.co.jp
印刷	広研印刷 株式会社
製本	株式会社 難波製本

NDC376　40ページ　29.2cm　ISBN978-4-323-05182-6

仕事のくふう、見つけたよ

全4巻

スーパーマーケット・コンビニエンスストア

みんなの食生活を支えているスーパーマーケットとコンビニエンスストア。スーパーマーケットの入り口付近に野菜・果物売り場があることが多い理由や、コンビニエンスストアでおこなっている便利なサービスなど、意外と知らない「仕事のくふう」がたくさん！

おもな内容：【インタビューのしかた】／【スーパーマーケットを調べよう】売り場の配置には、くふうがたくさん！／野菜売り場、魚売り場のくふう など／【取材結果をふりかえろう】／【文章にまとめて報告しよう】／【コンビニエンスストアを調べよう】売り場の配置のくふう／さまざまな便利機器を設置する！ など／【取材結果をくらべよう】

パン屋さん・レストラン

食べ物を作り提供するパン屋さんとレストラン。開店直後に焼きたてパンを並べるため、朝からおこなうパンづくりや、レストランで素早く料理がだせる秘密、新商品・新メニューを考えるアイデアなど、お客さんに喜んでもらうためのくふうを紹介します。

おもな内容：【インタビューのしかた】／【パン屋さんを調べよう】パンづくりのくふう／新商品を考えるくふう／パンのならべ方や店づくりのくふう など／【取材結果をふりかえろう】／【文章にまとめて報告しよう】／【レストランを調べよう】フロアの仕事のくふう／キッチンの仕事のくふう など／【取材結果をくらべよう】